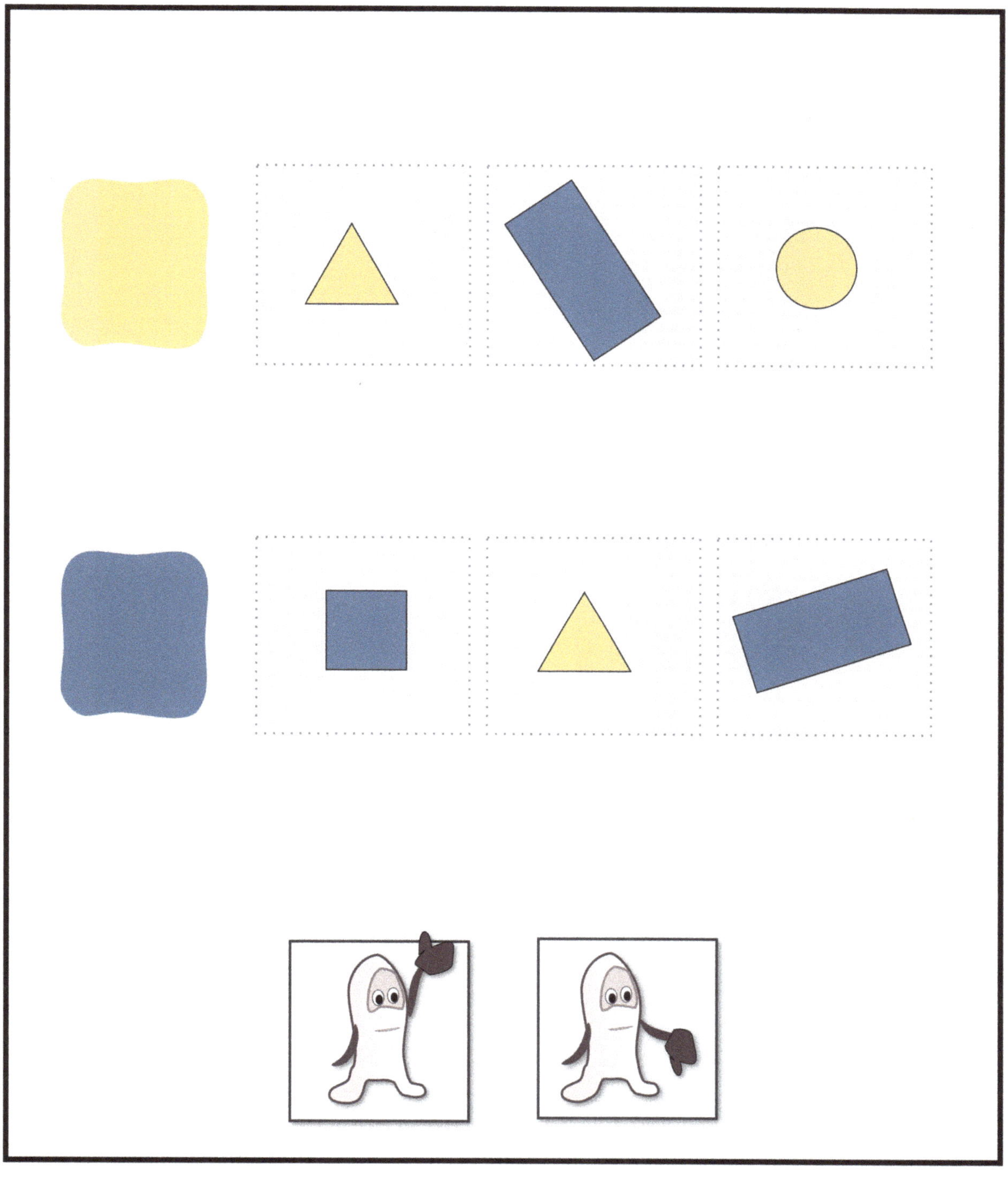

Ge Samma FÄRG Tummen Upp

ELLER

ELLER

Vi vill baka. Vad ger tummen upp?
Vad ger tummen ner?

Vi vill baka. Vad ska vi ... ta fram ...? Blanda med? Använda för att grädda kakorna? Ge tummen upp!

 Vi vill baka. Vad ska vi ta fram?
Ge tummen upp ... eller ner.

 Vi vill baka. Vad ska vi ta fram?
Ge tummen upp ... eller ner.

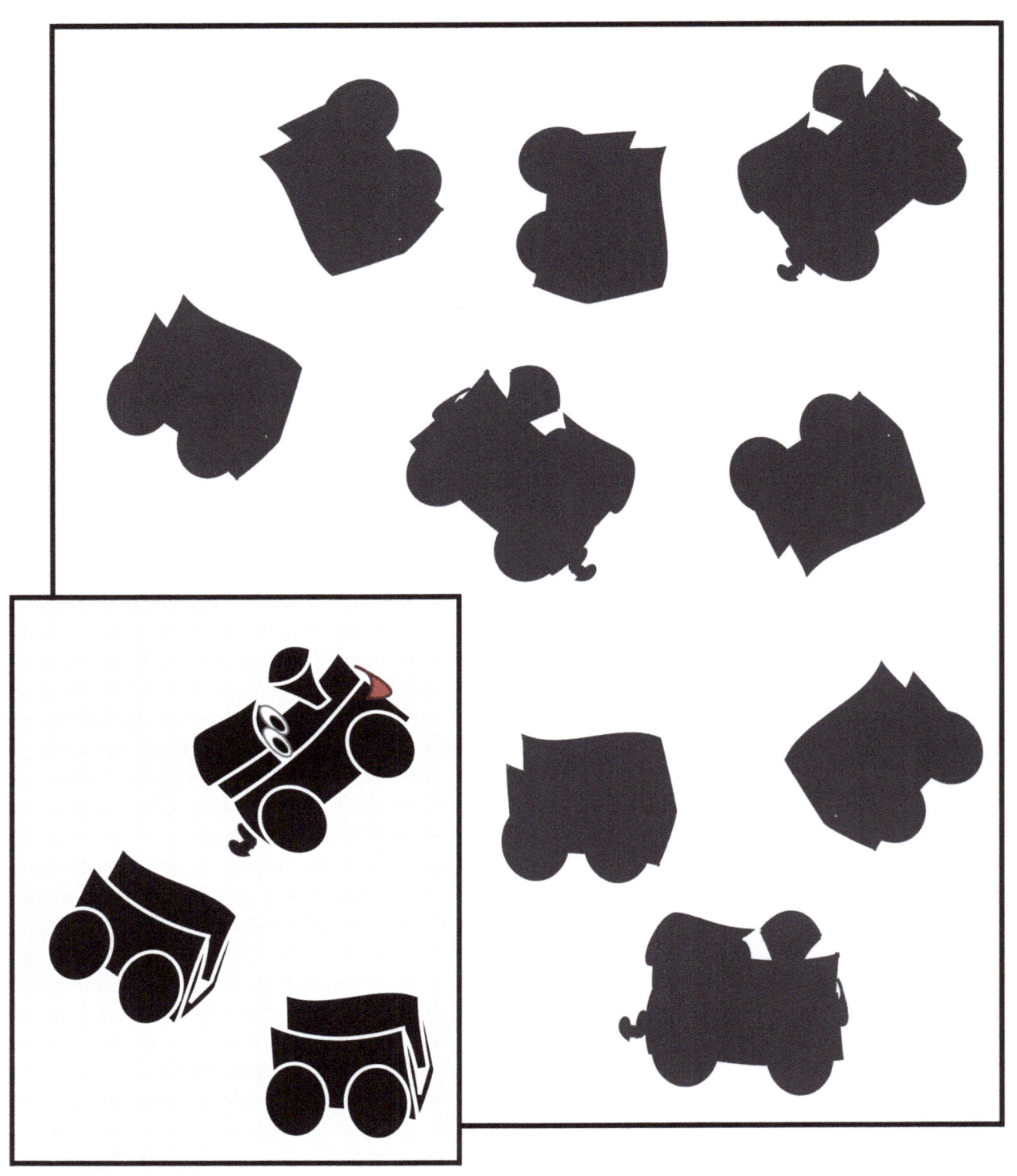

Hitta 3 Samma

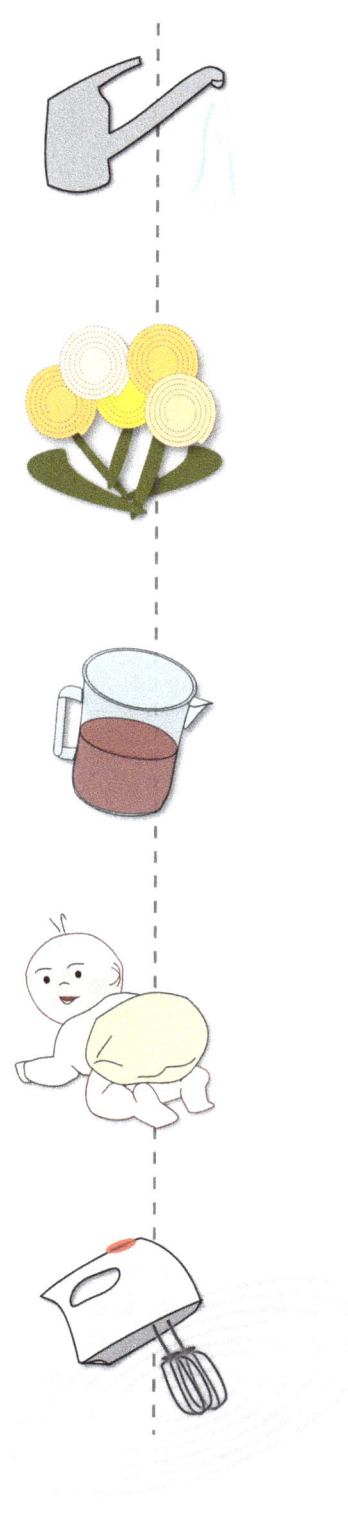
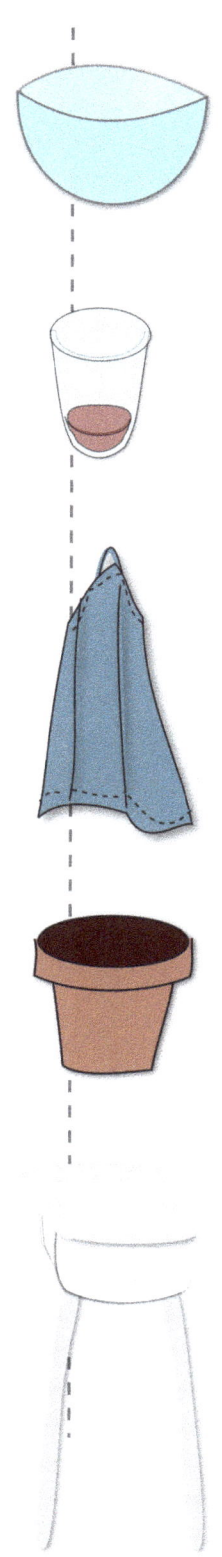

 Vad hör ihop? Varför behöver vi det?

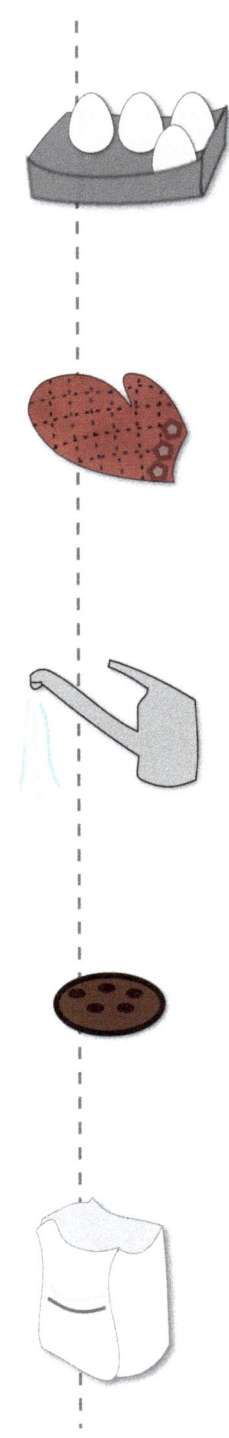

   Vad hör ihop? Varför behöver vi det?

Super-A vill baka. Hitta det hon behöver!

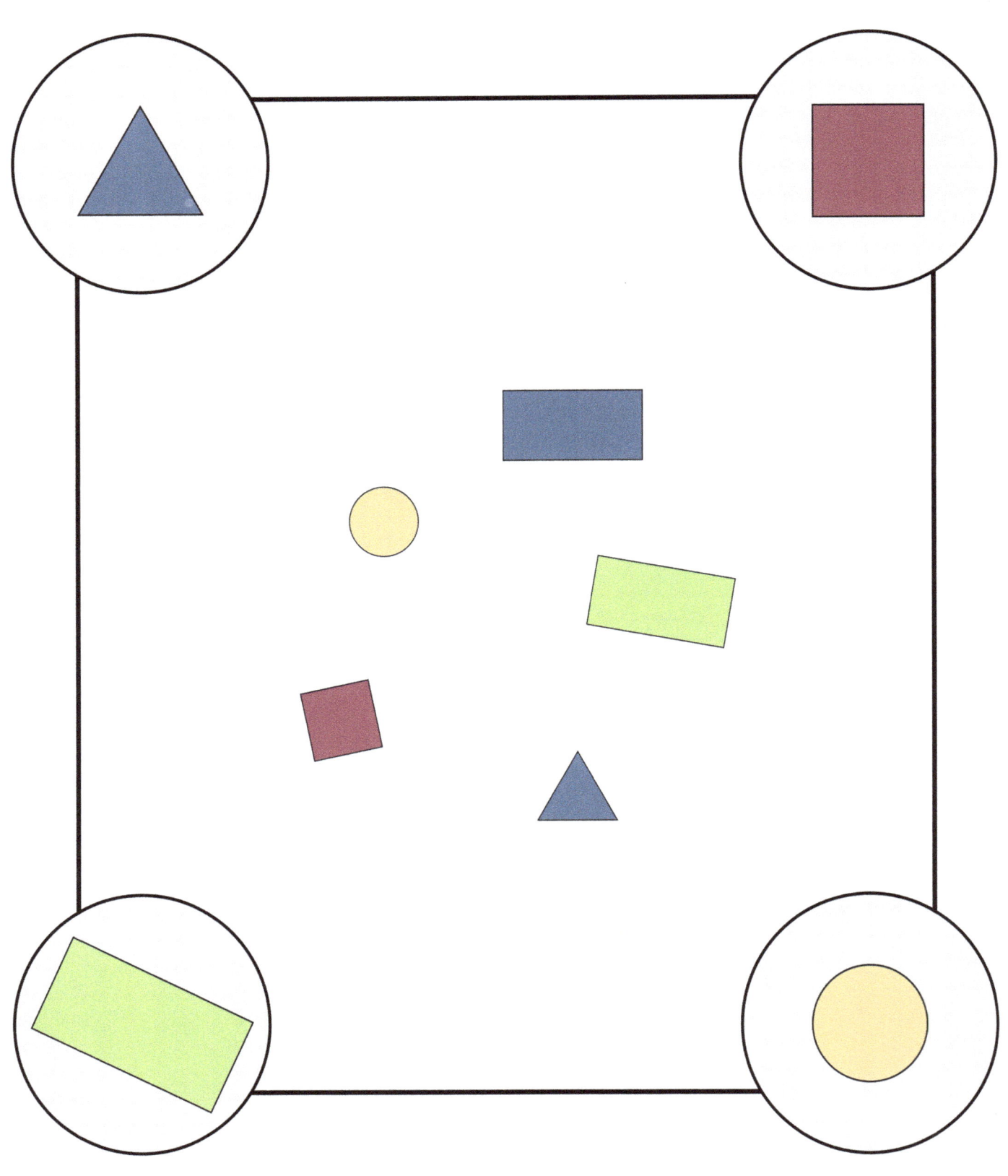

Hitta **4** Samma

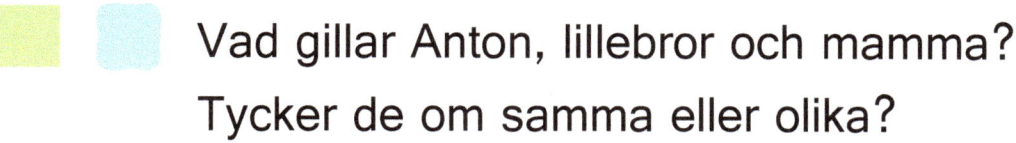

Vad gillar Anton, lillebror och mamma?
Tycker de om samma eller olika?

Vad gillar Anton, lillebror och mamma?
Tycker de samma om sakerna eller olika?

Vad gillar Anton, lillebror och mamma?
Tycker de samma om sakerna eller olika?

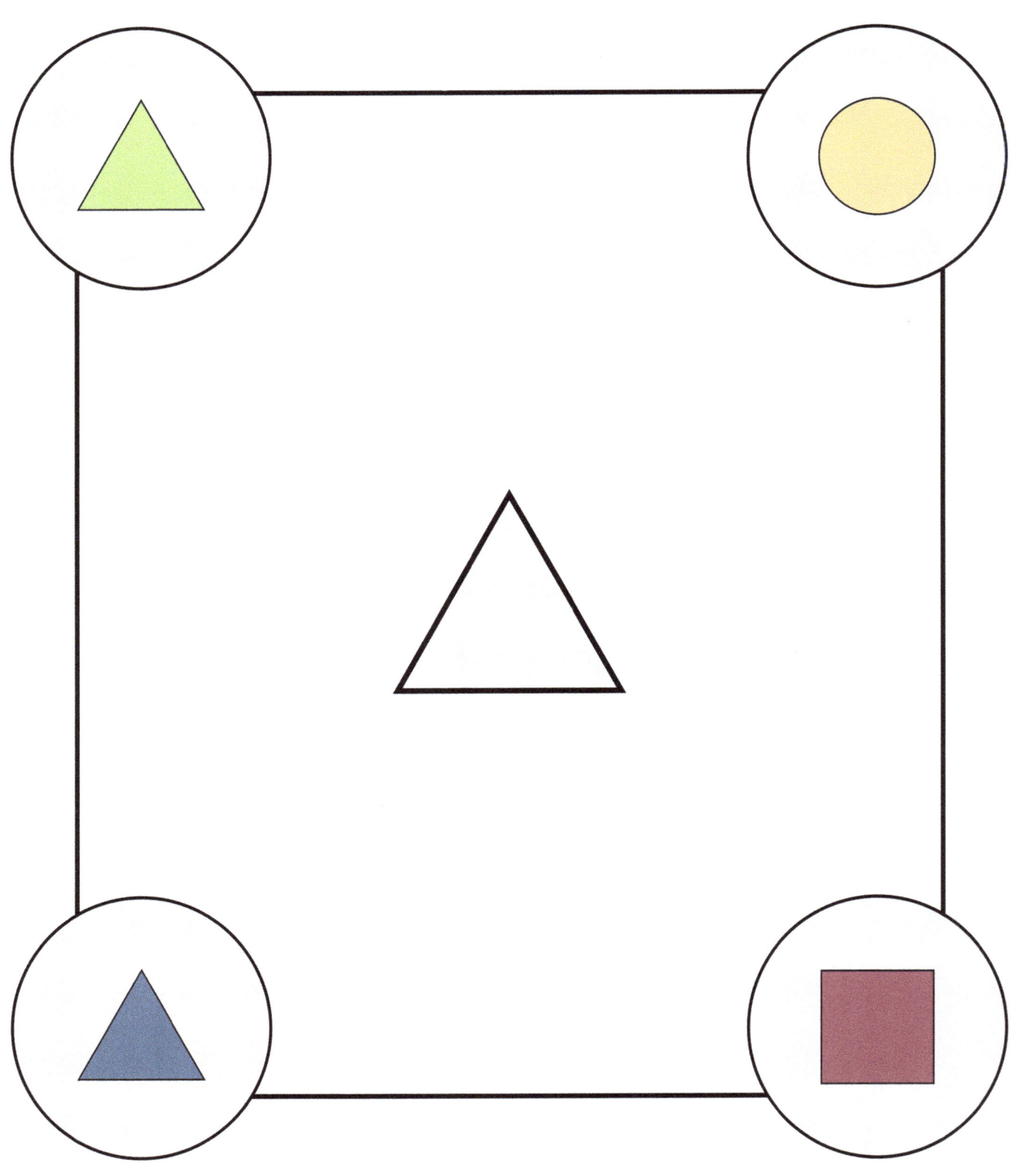

Hitta **2** Samma

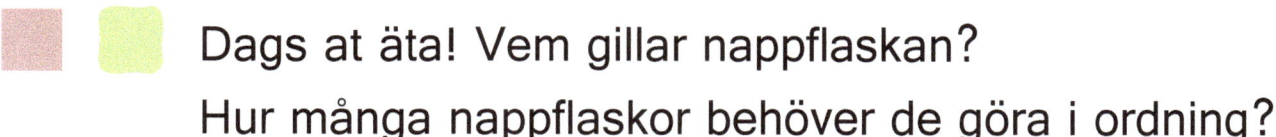

Dags at äta! Vem gillar nappflaskan?
Hur många nappflaskor behöver de göra i ordning?

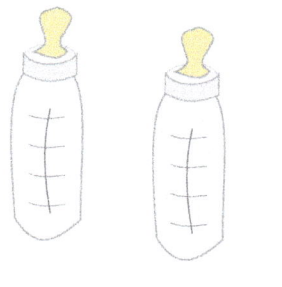 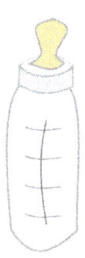 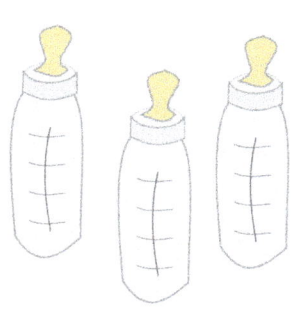

Alla är inte törstiga. Vem vill dricka saft?
Hur många glas behöver de?

Dags för fika! Vem vill ha en kaka?
Hur många kakor behöver de idag?

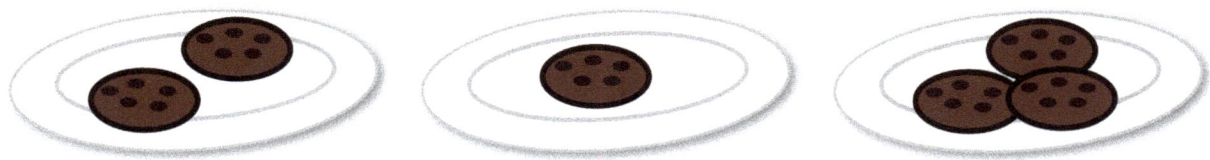

hitta 5 KLOSSAR att bygga

FÖRST   SEN

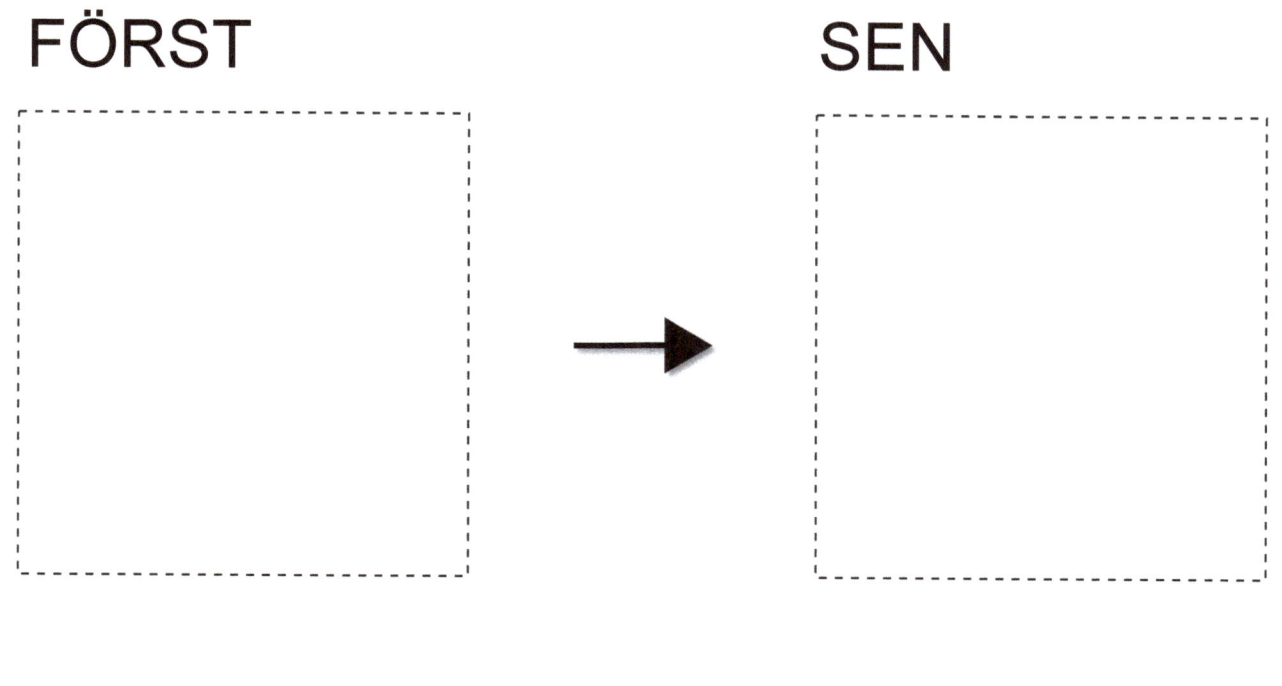

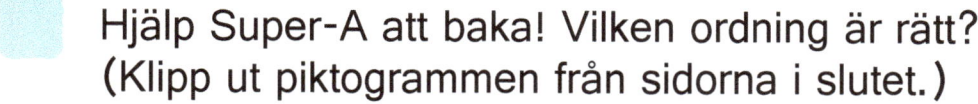 Vi ... tvättar händerna ... vispar ägg ... bakar ... dricker ... äter kakor ... ritar ... Vilken bild kommer först?

(Klipp ut sidan med memorykort.
Spela memory — lägg varje nytt par i rätt följd.)

Hjälp Super-A att baka! Vilken ordning är rätt?
(Klipp ut piktogrammen från sidorna i slutet.)

Vem tror du gillar kakor?
Lägg personerna under den glada eller ledsna smileyn.
(Använd Anton, Super-A och de andra på nästa sida.)

Klipp ut till övningarna. Ovan: Lägg piktogrammen i ordning.
Nedan: Vem gillar det? Lägg cirklarna ovanpå kakbilden på förra sidan.
Förklara varför du gillar ägg eller tvål. Komplettera med egna foton.

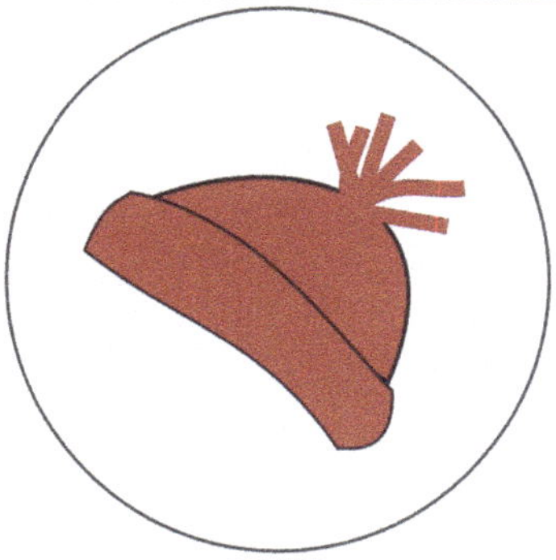

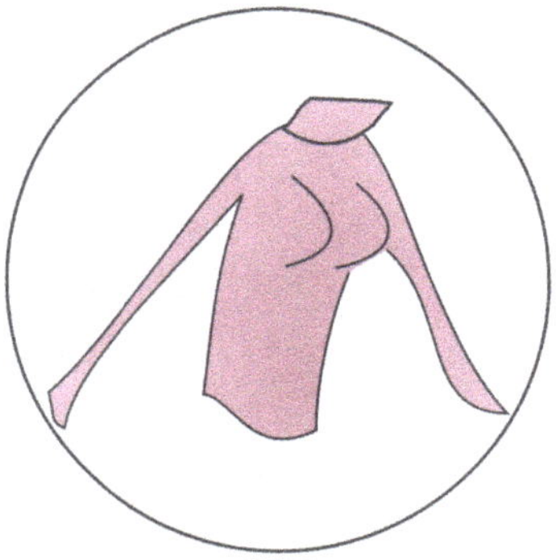

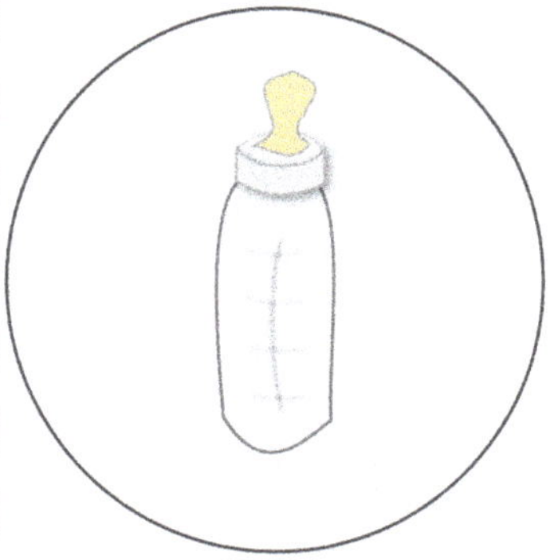

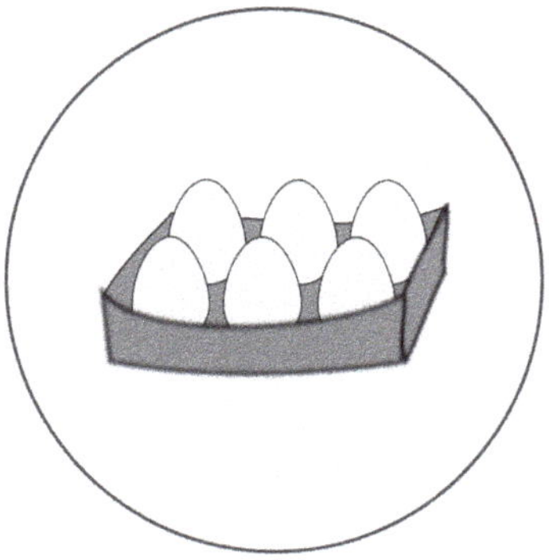

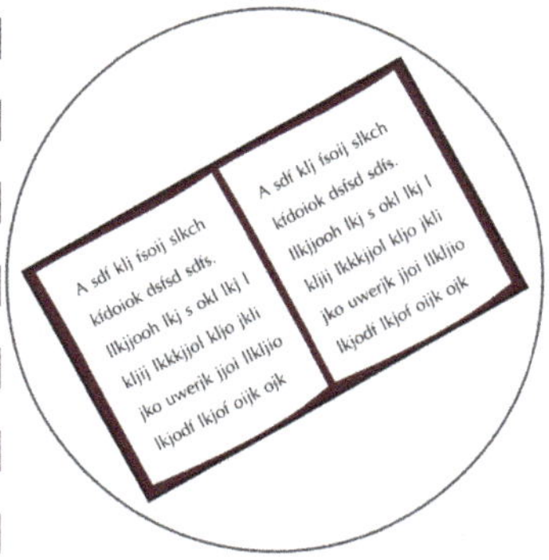

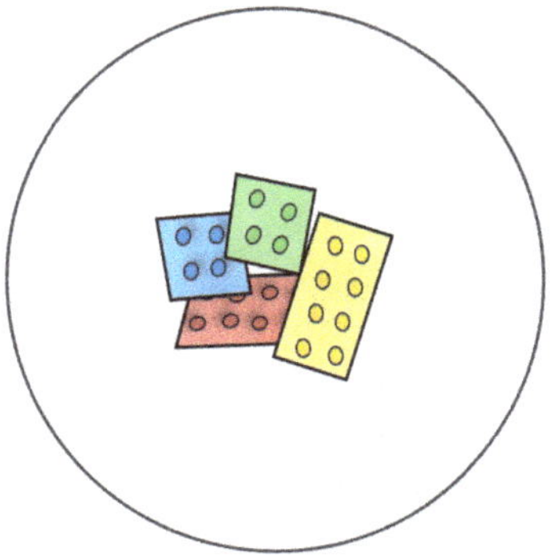

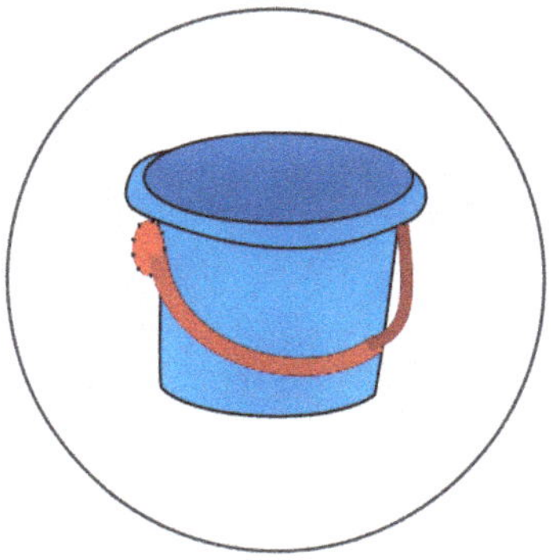

Tvål	Socker	Kokosflingor	Kakor (kokostoppar)	iPad

Psst ...! Det finns fler övningsböcker till första boken i serien om Anton och Super-A.

NYFIKNA bakar & gillar med Anton och Super-A: Livskompetens för barn med autism och ADHD
NYFIKNAS Sysselbok 1 © Jessica Jensen och Be My Rails Publishing 2014
Detta verk är skyddat av lagen om upphovsrätt. Lärare får därmed inte kopiera övningsböckerna i sin helhet eller som enstaka övningar i utbildningssyfte.
Övningsböckerna med Anton och Super-A får lamineras samt återanvändas för SAMMA elev.
Piktogram: www.sclera.be
ISBN 978-91-981522-6-5

Be My Rails Publishing

www.BeMyRails.com

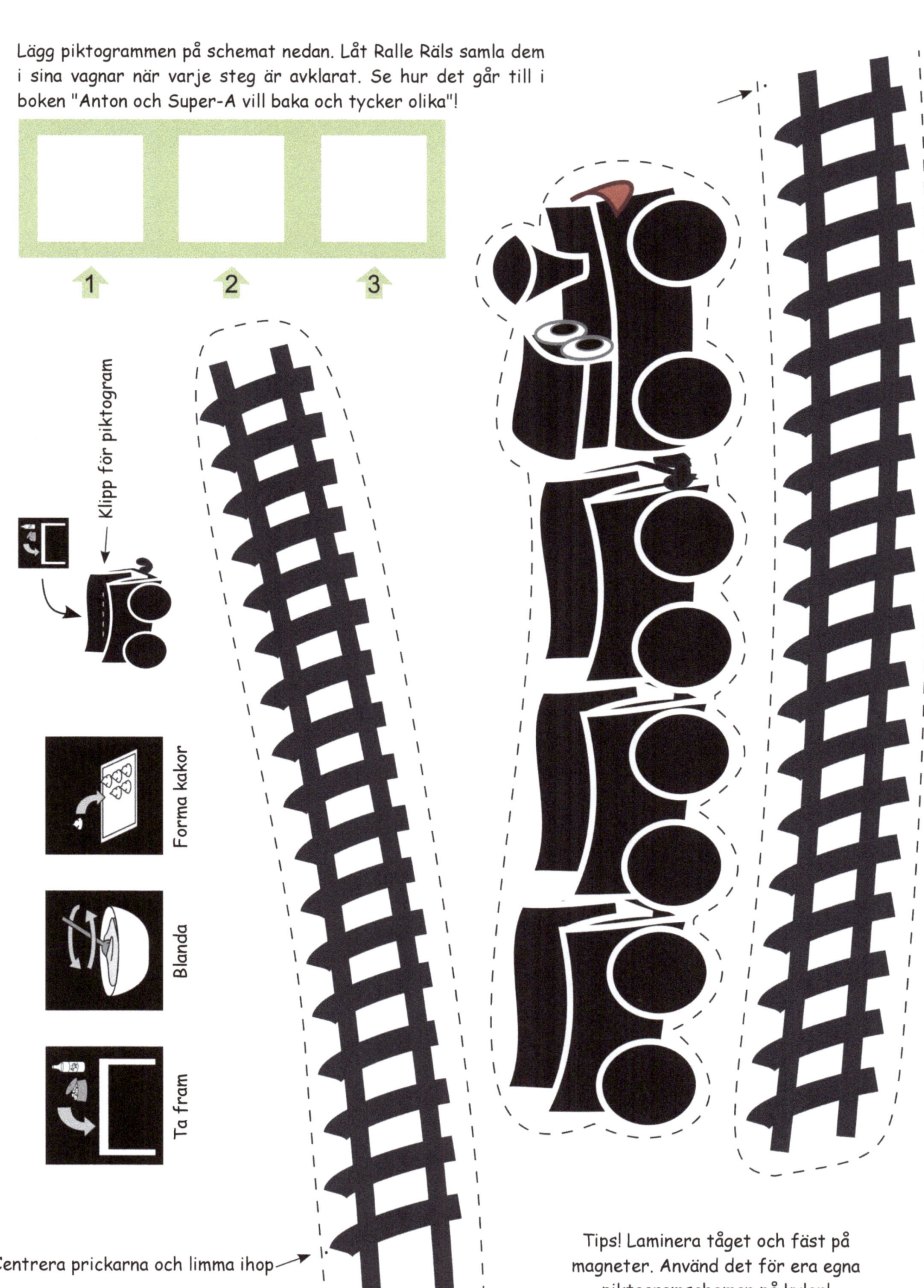

www.ingramcontent.com/pod-product-compliance
Lightning Source LLC
Chambersburg PA
CBHW041431040426
42444CB00022B/3494